AF359920

LETTRE

D'UN NOBLE GENOIS

A

UN NOBLE VENITIEN.

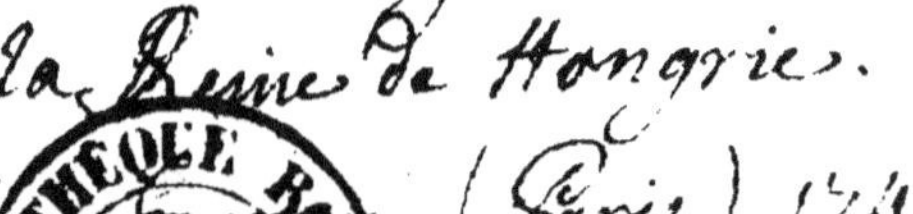
touchant la guerre de France avec
la Reine de Hongrie.
(Paris) 1745.
BIBLIOTHEQUE ROYALE

LETTRE

D'UN NOBLE GENOIS

A

UN NOBLE VENITIEN.

VOUS defirez , Monfieur , que je mette par écrit le précis de la converfation que nous eûmes il y a fix femaines , dans laquelle je m'étois propofé de prouver 1°. Que les Puiffances de l'Europe qui ont les armes à la main , ont toutes un grand intérêt à fe porter à la Paix. 2°. Que les Alliés de la Reine de Hongrie ont un intérêt au moins double de celui des Puiffances belligerantes , de préférer la Paix à la continuation de la Guerre.

Je vais tâcher d'établir ces Propofitions , qui vous ont paru d'abord un Paradoxe ; peut-être vous paroîtront-elles moins hafardées , fi je puis en même-tems parvenir à découvrir quelle fatalité , ou plutôt quels refforts de politique ont operé la continuation de la Guerre.

J'effayerai donc de percer le voile qui cache ces refforts , & j'efpere auffi vous montrer que ce que j'avancerai fur les vûes particulieres de quelqu'une de ces Puiffances, eft non-feulement établi par un grand nombre de faits, mais auffi par la façon dont chacune d'Elles fe conduit. Ayez la bonté, Monfieur, de vous reporter au commencement du mois de May, tems de notre entrevûe ; voici comme je raifonnois alors.

Ou les Puiffances qui ont les armes à la main prendront le parti de terminer la Guerre par des événemens décififs, ou Elles chercheront à la traîner en longueur, & préféreront une Guerre de rufe & de conduite à une Guerre de force. Dans le cas qu'on en veuille venir à des affaires décifives, felon toute apparence les événemens feront favorables à la France en Flandres, & à l'Efpagne en Italie. En Flandres, le Roi de France a pour lui la fupériorité & le nombre des Troupes. Ses Troupes font plus aguerries, & fon Armée eft encouragée par fa préfence, & par celle de M. le Dauphin. Si le Roi de France a des fuccès, la Reine de Hongrie perdra de nouvelles Places ; le Roi de France continuera à rétrécir la barriere des Hollandois, & approchera fes Frontieres des leurs. En Italie, l'Infant a une fupériorité de forces extrêmement décidée ; ainfi l'on doit préfumer que la Reine de Hongrie n'y envoyant point de Troupes , les Espagnols y entreront , & y prendront pied. On ne peut pas prévoir jusques-où ils porteront leurs Conquêtes ; & s'ils y font une fois établis , & assurés de la communication avec la France , il ne sera pas facile de les en chasser.

M. le Prince de Conti est à peu près aussi fort que les Armées qui lui font opposées. Le Roi de Prusse a l'avantage de combattre sur ses foyers , il est à la tête de ses Troupes ; il a une très-belle Armée. Il n'y a point en Europe une Infanterie meilleure que la sienne. Il a déja remporté des Victoires sur les Armées de la Reine de Hongrie. On ne voit pas pourquoi il n'en remporteroit pas de nouvelles pendant cette Campagne. C'étoit sur ces réflexions que je m'appuyois il y a deux mois , pour assurer que la Reine de Hongrie n'avoit pas lieu de se flatter que la fortune se déclarât , dans le cours de cette campagne , plutôt pour Elle que pour ses Ennemis.

J'ajoûtois qu'en cas que le Roi de Prusse & M. le Prince de Conti gagnassent chacun une bataille , il n'étoit pas douteux que le Roi de Prusse ne suivît avec activité ses avantages ; & qu'il ne reportât le Théatre de la Guerre dans les Etats de la Reine de Hongrie. Il me paroissoit aussi que la Reine de Hongrie dans ce cas pouvoit trouver de grandes difficultés à procurer la Couronne Impériale au Grand Duc.

D'un autre côté les Princes du Bas Rhin resteroient exposés aux maux que le séjour des Armées, ou dans leurs Etats, ou dans les Etats voisins, pouvoit leur causer.

N'y avoit-il pas lieu aussi de mettre en question, si dans ce cas l'Electorat d'Hanover, & peut-être la Saxe ne se trouveroient pas menacés de voir porter la Guerre chez eux . & d'être attaqués par les Troupes Françoises, & par les Troupes du Roi de Prusse ?

J'étois encore fondé à vous dire, Monsieur, que l'Angleterre & la Hollande ne pouvoient pas continuer la Guerre sans faire des dépenses immenses, sans augmenter leurs dettes, & sans faire souffrir leur commerce. Il me paroissoit douteux si dans le cours de la Guerre, l'Espagne n'accorderoit pas aux François des avantages, au préjudice de l'Angleterre & de la Hollande, pour faire le commerce des Indes.

Enfin, Monsieur, il me sembloit que les avantages que la France pouvoit obtenir à l'occasion de la Guerre pour faire le commerce des Indes Espagnoles, que les acquisitions que la France pouvoit faire en Flandres, que celles que l'Espagne pouroit faire en Italie , & le Roi de Pruſſe en Allemagne , feroient très-préjudiciables aux Hollandois , aux Anglois , au Roi de Sardaigne , au Roi d'Angleterre comme Electeur d'Hanover , & au Roi de Pologne comme Electeur de Saxe.

Je concluois qu'en cas que la fortune ſe déclarât contre la Reine de Hongrie , ſes mauvais ſuccès pouvoient avoir des ſuites de très-grande importance.

Suppoſons à préſent que les événemens euſſent été favorables aux armes de la Reine de Hongrie , la poſition des Alliés de la France ſeroit devenue très-fâcheuſe ; la Reine de Hongrie chercheroit à ſe venger du Roi de Pruſſe : peut-être n'en ſeroit-il pas quitte pour ſe voir enlever la Siléſie. D'un autre côté la Reine de Hongrie envoyeroit des forces en Italie ; Elle ne ſe propoſeroit pas ſeulement d'obliger l'Infant à renoncer au deſſein d'y faire un établiſſement ; mais peut-être auſſi voudroit-elle aller attaquer le Roi de Naples dans ſes Etats.

Quant à la France , elle auroit le chagrin d'avoir ſacrifié inutilement des Armées nom-breuſes & des ſommes immenſes , & celui de voir ſes Alliés affoiblis , & ſes Ennemis devenus plus puiſſans. Mais quelque fâcheux que ſoient ces mauvais ſuccès , ils ne donne-roient cependant à la Reine de Hongrie au-

cun avantage-fur le Roi de France. Les Etats
de ce Prince font toujours les mêmes. En
rappellant fes Troupes fur fes Frontieres,
fon Royaume fera hors d'infulte. On fçait
que la France eft en état de réfifter avec fuccès à quiconque viendroit l'attaquer dans le
deffein d'envahir quelqu'une de fes Provin-
ces.

Mais les fuccès de la Reine de Hongrie ne
feroient-ils pas plus préjudiciables à fes Alliés, que ne pouvoient l'être les Victoires de
fes Ennemis ? La pofition de la Cour de
Vienne en Allemagne feroit plus avantageufe
qu'elle ne l'a jamais été. Elle acquerreroit
dans ce cas une grande fupériorité fur les
Princes de l'Empire qui font fes ennemis.
Cette Princeffe commenceroit par profiter
de fes avantages pour procurer par la force
la Couronne Impériale au Grand Duc. La
Reine de Hongrie prétendroit avoir moins
acquis à fon mari la Couronne Impériale par
Election que par *Conquête.* Les Princes de
l'Empire verroient donner une atteinte irré-
parable à la plus précieufe de leurs prérogatives, qui confifte à choifir leur Chef. Il paf-
feroit en principe à la Cour de Vienne, que
la Dignité Impériale appartient au Grand
Duc & à fes defcendans, ou à titre de Conquête, ou à titre de Succeffion. La liberté de
l'Empire feroit bientôt enfevelie fous les rui-

nes du droit d'élire le Chef du Corps Germanique. L'autorité avec laquelle le Grand Duc gouverneroit, ne tarderoit pas à changer totalement la forme du Gouvernement dans l'Empire. Aucun Prince de l'Empire, tant ceux qui font aujourd'hui Alliés de la Cour de Vienne, que ceux qui font fes Ennemis, ne s'oppoferoit à l'avenir impunément aux décifions & aux volontés de la Cour de Vienne. L'Hiftoire apprend que Charles V, Ferdinand II, & Leopold I, dans les Guerres qui font furvenues fous leur régne, en ont ufé également avec tous ceux qui ont pris leur parti ; & que les Victoires de ces Empereurs n'ont pas été moins préjudiciables à leurs Alliés, qu'à leurs Ennemis. Les Maifons de Saxe & de Brandebourg ont éprouvé comment la Cour de Vienne reconnoît les fervices qu'on lui rend. On peut donc être perfuadé que les Capitulations, que toutes les Conftitutions Germaniques, qu'on a oppofées précédemment comme des barrieres aux entreprifes des Empereurs de la Maifon d'Autriche, demeureroient fans aucune force; ces Loix déja trop négligées tomberoient dans la défuétude, & enfuite dans le mépris. Comment les Princes de l'Empire qui auroient été affujettis par leur Chef avant qu'il l'eût été, pourroient-ils fe tirer jamais de cette fervitude ? Les Empereurs Romains les plus abſolus n'ont pas joui d'une plus grande autorité dans l'étendue de l'Empire Romain, que celle que le Grand Duc & ſes Succeſſeurs exerceroient dans l'Empire Allemand.

L'Italie ne tarderoit pas à ſe reſſentir des ſuccès & des prétentions de la Cour de Vienne, & non-ſeulement le Roi de Naples pourroit être bientôt troublé dans la poſſeſſion de ſes Royaumes ; mais même le Roi de Sardaigne ſeroit ſans doute auſſi dans la ſuite recherché ſur les dernieres acquiſitions qu'il a faites ſur la Cour de Vienne, & à l'occaſion des prétentions du Grand Duc, ſur le Montferrat.

Telles ſont les ſuites du cas où la Guerre ſe ſuivroit par des entrepriſes déciſives : mais ſi les Puiſſances qui ont les armes à la main jugeoient à propos d'éviter les haſards des actions déciſives, la Guerre ſe prolongeroit ; il arriveroit dans le cours de cette Guerre, que toutes ces Puiſſances, tant celles qui ſont parties principales, que celles qui ne ſont qu'auxiliaires, s'épuiſeroient d'hommes & d'argent ; tant qu'elle dureroit, les Sujets de toutes les Puiſſances ſouffriroient beaucoup des impoſitions qu'il faudroit lever ſur eux ; les Pays qui ſont le Théatre de la Guerre, continueroient à être expoſés aux déſolations que la Guerre traîne après elle ; il pourroit encore arriver que l'Election de l'Empereur se différeroit, & que l'Empire resteroit long-tems sans Chef. Enfin toutes les Puissances belligérantes seroient exposées aux révolutions & aux revers qui arrivent souvent dans le cours de la Guerre, & sans qu'aucune d'Elles eût à espérer de tirer grand fruit des efforts si onéreux qu'elles auroient faits, & des risques qu'elles auroient courus.

Rien donc de plus incertain que de sçavoir si ce sera la France & ses Alliés, ou la Reine de Hongrie & les siens, qui tireront des avantages de la continuation de la Guerre.

Ne voyons donc de toutes parts dans la continuation de la Guerre, qu'un avenir funeste, sans espérance d'aucun bien pour l'Europe. N'y voyons que des succès préjudiciables à beaucoup de Puissances; mais sur-tout la ruine des Alliés de la Reine de Hongrie, soit dans ses victoires, soit dans ses défaites.

Ainsi quelque plan que les Puissances belligérantes prennent pour continuer la Guerre, ce n'est pas un paradoxe de soutenir qu'il leur conviendroit infiniment mieux à toutes, & principalement aux Alliés de la Reine de Hongrie, de travailler à rétablir la Paix à des conditions qui ne feroient pas de grands changemens dans l'Europe, que de continuer une Guerre si dangereuse.

Comment est-il possible que ces différentes considérations ne ralentissent pas l'acharnement avec lequel la Guerre se continue ? Pour expliquer ce mystére, il devroit suffire de recourir aux motifs de la Guerre : mais comme ces motifs n'ont pas toujours été les mêmes, & qu'ils ont varié suivant les événemens, il est indispensable de rechercher les premiers motifs qui ont mis les armes à la main aux Puissances belligerantes ; & les changemens que les divers événemens ont fait naître dans ces motifs.

Commençons par examiner ce qui a pû déterminer la France à entrer dans la Guerre présente.

A la mort de Charles VI, le Roi très-Chrétien se trouvoit engagé à faire observer la Pragmatique, & à maintenir l'ordre de succession que le feu Empereur avoit établi dans sa Maison. Cette disposition, ou cette loi de Charles VI, se trouvoit contraire aux prétentions de plusieurs Alliés de la France. A peine Louïs XV avoit-il signé le Traité de Vienne de 1738, & s'étoit-il obligé à garentir cette Loi, qu'on prévit que ces différentes prétentions donneroient lieu à de grandes divisions ; & dès-lors la Cour de France se donna inutilement beaucoup de soins pour prévenir les troubles qui en pouvoient naître. Charles VI mourut : il est bon de remarquer que peu de tems avant fa mort il étoit entré dans des projets contraires à la France ; car fans que le Roi très-Chrétien lui eut donné aucun motif de mécontentement, fans avoir égard aux fervices importans que la France lui avoit rendus quelque tems auparavant, il s'étoit, fur les inftances de l'Angleterre, prêté à l'idée de renouveller la grande Alliance de 1701. Ainfi le Roi très-Chrétien avoit tout fujet de fe plaindre de la conduite que cet Empereur avoit tenue les derniers jours de fa vie. Auffi-tôt après fa mort, la Maifon de Baviere & la Cour d'Efpagne produifirent leurs prétentions ; & les différens Traités qu'ils avoient anciennement avec les Prédéceffeurs de Louïs XV. Ils expoferent les liens du Sang qui les uniffoient au Roi. Enfin, ils lui préfenterent tous les motifs les plus capables d'engager la France à ne les point abandonner dans une conjonéture fi importante.

Dans ce cas, quel parti la France pouvoit-elle prendre ? En confidération des engagemens que le Roi très-Chrétien avoit contraétés par le Traité de Vienne, la Cour de France refufa de fuivre les droits qu'elle avoit fur la fucceffion de Charles VI ; elle les facrifia généreufement à la foi des Traités ; ainfi on n'héfita pas en France, on fe détermina à exécuter en entier le Traité de

Vienne, pour ce qui regardoit les intérêts particuliers du Roi très-Chrétien. Mais ce Prince se trouvoit anciennement lié par d'autres Traités ; il avoit les motifs les plus forts pour soutenir les intérêts de la Cour d'Espagne, & ceux de la Maison de Baviere. Le Roi d'Espagne représentoit qu'à quelque Tribunal que sa prétention fut portée, elle seroit décidée en sa faveur. L'Electeur de Baviere produisoit des Consultations d'un grand nombre de Jurisconsultes Allemans, qui établissoient, que ses droits à la succession d'une partie des biens de la Maison d'Autriche étoient incontestables. Le Roi de France qui se trouva combattu entre ce qu'il devoit à l'Espagne & à la Baviere, & entre les engagemens qu'il avoit avec la Cour de Vienne, prit le parti de travailler à concilier ces différentes Cours. Il arriva que ses soins n'eurent point de succès : la Cour de Vienne prit de la défiance sur les intentions du Roi de France, elle en usa avec aigreur, elle fit des Traités dont la France n'eut pas lieu d'être satisfaite. Les Anglois qui étoient précédemment en Guerre avec les Espagnols à l'occasion de leur Commerce, embrasserent les intérêts de la Cour de Vienne. Ils résolurent d'engager la Reine de Hongrie à rejetter tout accommodement. Ils se proposerent de faire servir la circonstance présente à l'a-

￼antage de leur Commerce. C'eſt ce qui a engagé inſenſiblement la Guerre générale.

La France qui n'avoit pas lieu d'être contente de la Reine de Hongrie, a dès-lors moins ménagé cette Princeſſe. Pour amener la Cour de Vienne à traiter ſur ſes différens avec l'Eſpagne & avec la Baviere, Louïs XV a d'abord fait entendre qu'il ne pouvoit pas refuſer de joindre des Troupes à celles de ces Princes ; & ces inſinuations n'ayant pas déterminé la Reine de Hongrie aux plus legers ſacrifices, qui euſſent ſuffi pour empêcher une rupture ; il eſt arrivé que les Troupes Françoiſes conjointement avec celles de la Maiſon de Baviere, ont attaqué les Etats conteſtés. Quiconque a connu le Miniſtre qui avoit pour lors toute la confiance du Roi de France, l'éloignement que la douceur de ſon caractere, & ſon grand âge lui donnoient pour les grandes entrepriſes ; doutera-t-il qu'il ait jamais donné d'autre conſeil au Roi ſon Maître, que celui d'engager la Reine de Hongrie à faire quelque juſtice aux Alliés de ce Prince ſur leurs prétentions ? Et d'ailleurs n'eſt-il pas évident, que ſi la France eût voulu profiter de cette circonſtance pour s'agrandir , la Cour de Vienne lui eût fait des avantages conſidérables, à condition d'abandonner les intérêts de ſes Alliés ? Il ſeroit donc injuſte de ſoupçonner la France d'avoir agi par des motifs d'ambition.

Il ne le feroit pas moins, de vouloir qu'elle eût observé ses engagemens, pris à la lettre. Falloit-il qu'elle refusât tout apui, tout secours à un Prince, gendre du Roi très-Chrétien, & qui est un Prince de sa Maison même ? Pouvoit-il abandonner un Prince de la Maison d'Allemagne, la plus anciennement alliée avec la France, & qui est liée avec le Roi par une très-proche parenté ? Etoit-il possible d'exiger que non-seulement il sacrifiât ses propres droits, mais aussi qu'il abandonnât ceux des autres ; qu'il n'eût aucun égard à la réserve du droit du tiers, que ses Alliés reclamoient, & qui est fondé sur le droit naturel & sur toutes les Loix ? La France devoit-elle se brouiller avec les Princes de sa Maison, avec ses anciens Alliés, par complaisance pour une Puissance qui lui avoit donné en dernier lieu plusieurs grands sujets de plainte ? L'intérêt de son Commerce lui permettoit-il d'avoir si peu de ménagement pour l'Espagne ? Ce n'est point assurément par amour de la justice, que quelques Politiques souhaiteroient que la France eût exécuté à la lettre l'article du Traité de Vienne qui concerne la garantie de la Pragmatique ; ce ne peut être que l'effet de la partialité, ou de la prévention. D'ailleurs, comme dans les

Arts

Arts il y a une précision géométrique, à laquelle il n'est pas possible d'atteindre ; il y a aussi dans la Morale, des précisions idéales qn'on ne peut pas pratiquer, & dont on se contente d'approcher le plus qu'on peut.

Les Cours de Vienne & de Londres, aimérent mieux exposer la Reine de Hongrie à perdre une grande partie de ses Etats, & engager une Guerre générale, que de terminer par la voie de la Négociation les différens qu'elle avoit avec les Princes qui avoient des droits sur la succession du feu Empereur son Pere.

Les premiers événemens de la Guerre, avoient enflé d'abord les esperances des Alliés de la France ; ils en conçurent de trop grandes ; ils formerent de trop vastes projets. La fortune ne tarda pas à leur devenir contraire : dès-lors ils s'approcherent de l'esprit de modération, dont la Cour de France ne s'étoit jamais écarté ; dès-lors aussi cette Cour recommença à faire connoître en toute occasion que le Roi très-Chrétien voyoit avec regret l'Europe en guerre, qu'il souhaitoit qu'on pût trouver des tempéramens pour concilier toutes les différentes prétentions, & qu'il faciliteroit la Paix avec empressement. Toutes les Puissances de l'Europe qui ont fait faire en France des insinuations pour le rétablissement de la Paix, &

B

les Hollandois en particulier, peuvent attefter
que Louïs XV a toujours été conftamment
dans ces mêmes difpofitions.

Il y a deux faits qui prouvent bien évidemment fon défintéreffement, & la droiture
de fes intentions. Il a déja été prouvé, que
quand la Guerre tourneroit malheureufement
pour la France & pour fes Alliés, tout ce
qui pourroit lui en arriver, c'eft que fes Alliés ne puffent pas réuffir dans leurs prétentions ; & que dans ce cas en rappellant fes
Troupes fur fes Frontieres, elle fera en état
d'empêcher qu'on ne les entame. La Campagne de l'année 1744, & les commence-
mens de celle-ci établiffent affez folidement,
que tant que la Guerre continuera, la France pourra facilement dans le cours de cha-
que Campagne étendre fes Limites du côté
de la Flandre. Il eft certain auffi, que fi la
fortune, dans la fuite de la Guerre, conti-
nuoit à fe déclarer par-tout en fa faveur, &
en faveur de fes Alliés ; non-feulement fes
Alliés pourroient remplir l'objet qu'ils ont
eu en faifant la Guerre , mais auffi qu'elle
pourroit en retour de fes dépenfes, prétendre & obtenir des dédommagemens propor-
tionnés à fes fuccès, & à ceux de fes Alliés.
Ainfi la Guerre préfente donne fûrement à la
France des occafions de s'agrandir ; ainfi la
France eft affurée que la continuation de la

Guerre lui fera avantageufe dans tous les cas. Mais, malgré cette pofition, elle a toujours été difpofée à la faire finir, & en a toujours cherché les moyens.

Rappellez-vous, s'il vous plaît, Monfieur, la fituation brillante, dans laquelle la France & fes Alliés fe trouvoient à la mort de Charles VII. Le Roi d'Efpagne, le feu Empereur, le Roi de Pruffe, la France avoient chacun de leur côté pris les plus juftes mefures pour avoir pendant le cours de la Campagne de cette année, des forces fupérieures à celles de la Reine de Hongrie ; ces forces ne diminuerent rien de leur modération. Et pendant tout l'hyver, malgré les avantages particuliers que la France pouvoit trouver dans la continuation de la Guerre, elle n'en a pas moins marqué d'empreffement pour rendre la Paix à l'Europe.

Ce n'eft pas fans regret qu'elle a fenti que la continuation de la Guerre pourroit embarraffer l'Election d'un Chef du Corps Germanique. Que n'a pas fait le Roi, pour montrer dans cette occafion fa bonne volonté à l'égard de l'Allemagne ? Ignore-t-on que S. M. T. C. a fait connoître qu'elle étoit dans la difpofition d'écouter les propofitions qui tendroient à laiffer proceder à l'Election d'un Empereur, conformément aux Loix de l'Empire ; & que tout ce qu'elle demandoit,

étoit qu'on n'exigeât point d'Elle d'abandonner ſes Alliés, de traiter ſans leur parti-
cipation, & de faire des démarches qui miſſent la Cour de Vienne en état de les accabler, & de s'emparer de l'Empire.

La Campagne a commencé par la Bataille
de Fontenoy. Une des premieres ſuites de
cette Victoire, a été de déclarer par-tout où
il convenoit, que moins flatté de la gloire
de ſes Armes, que touché de voir tant de
ſang répandu, le Roi n'en étoit pas moins
porté à la Paix. La Victoire de Friedberg
n'a pas non plus changé ces diſpoſitions.
Ainſi la France, & avant que la Guerre
commençât, & pendant tout le Regne de
l'Empereur Charles VII, & enfin, depuis
la mort de ce Prince juſqu'au jour préſent,
a montré toujours conſtamment de l'incli-
nation, & même de l'empreſſement à entrer
dans des Négociations propres à rétablir la
Paix ; elle a toujours eu l'intention de fon-
der ſes Négociations ſur des principes con-
formes à l'équité, & à ce que peut demander le bien général de l'Europe.

Qu'on ceſſe donc d'accuſer la France d'ê-
tre la cauſe de la durée de la Guerre. Qu'on
reconnoiſſe que loin de s'éloigner de la juſtice & de la modération, elle n'a point eu
d'autres principes ; & que ſa conduite a ren-
du ſes principes viſibles : ce qui eſt le ca-

ractere de la droiture & de la vérité.

Si nous paſſons aux motifs qui ont déterminé le Conſeil de Vienne & celui de ſes Alliés, quelle différence n'y obſerverons-nous pas ? Je ne prétend point faire de grands reproches à la Cour de Vienne, de ce qu'après la mort du feu Empereur, elle a prétendu qu'on laiſsât tous ſes Etats en entier & ſans aucune diviſion à la Reine de Hongrie. Je ne lui ferai point un grand crime non plus de ce qu'elle s'eſt propoſé pour lors de procurer la Couronne Impériale au Grand Duc. Il eſt vrai qu'il eût été convenable de montrer plus de modération, & de ne point refuſer ſi durement & ſi abſolument d'examiner les droits que de grands Princes produiſoient. Il eſt vrai encore, que l'on ne pouvoit pas procurer la dignité Impériale au Grand Duc, ſans faire injure aux Princes de l'Empire qui pouvoient y aſpirer, & ſans donner atteinte au droit que le Corps Germanique a de choiſir ſon Chef. Je conviens cependant que ces prétentions de la Reine de Hongrie étoient aſſez dans l'ordre ordinaire des choſes ; & plût à Dieu que la Cour de Vienne ſe fût bornée là. Il ne faut pas prendre pour amour de la Paix, quelques propoſitions qui ont été faites alors pour engager la France à abandonner ſes Alliés, & à favoriſer la Reine de Hongrie dans ſes vûes. Le deffein que cachoit cet artifice, eft trop facile à pénétrer. La fermeté avec laquelle la Cour de Vienne a refufé de faire juftice aux Princes qui avoient des prétentions fur la fucceffion de Charles VI, a donc engagé la Guerre. Quelques mois après, le feu Empereur a été élevé à l'Empire, & la Reine de Hongrie a protefté contre l'Election.

Vous pouvez vous fouvenir, Monfieur, que le jour où Charles VII. a été élû Empereur, a été celui où la fortune a commencé à lui être contraire ; & que coup fur coup il a éprouvé une grande fuite de revers. La Cour de Vienne, qui, comme je l'ai déja dit, avoit cherché peu de tems avant la mort de Charles VI, à renouer ce que l'on appelloit l'ancien fyftême, la grande Alliance de 1701, la ligue d'Autriche & des Puiffances Maritimes, & qui étoit pour lors très-étroitement liée avec la Cour de Londres, a crû l'occafion propre pour reprendre ce projet. La Reine de Hongrie s'eft propofé dès-lors d'enlever l'Empire au feu Empereur, & de le procurer au Grand Duc : elle a conçû l'efpérance de foumettre les Ennemis qu'elle avoit au-dedans de l'Empire : elle s'eft propofé de fe procurer par-là plus d'autorité & de fuperiorité en Allemagne, que n'en avoient jamais eu fes Ancêtres, & de ravir enfin à l'Empire toute liberté ; ce que Charles V, & Ferdinand II n'avoient pû qu'ébaucher : & comme elle avoit cedé des États à quelques-uns de ses Ennemis pour les détacher de leurs Alliés, elle a formé le dessein de se faire dédommager de ces sacrifices ; mais sans perdre de vûe le projet de rentrer dans les Etats qu'elle avoit cedés.

D'un autre côté, le Roi d'Angleterre a conçu le dessein de tirer avantage des changemens qui étoient arrivés en Allemagne : il n'a plus borné ses projets à soutenir la Cour de Vienne, & à favoriser le Commerce Anglois. La Cour de Vienne & la Cour de Londres sont convenues entre elles, que l'Angleterre continueroit à donner des subsides à la Reine de Hongrie pour la mettre en état de remplir ses objets ; & que cette Princesse faciliteroit au Roi d'Angleterre l'acquisition des Principautés Ecclésiastiques, qui sont dans le voisinage de l'Electorat d'Hanover. Ainsi la fermeté avec laquelle la Cour de Vienne a soutenu l'indivisibilité de la succession du feu Empereur, a été la premiere origine de la Guerre ; & les vastes projets que les Cours de Vienne & de Londres ont formés dans la suite, en sont devenus le principal motif, & sont cause qu'elle a continué.

C'est dans cet esprit, & dans la vûe de

remplir ces projets, que ces deux Cours ont rejetté pendant long-tems les infinuations qui leur ont été faites pour les porter à la Paix ; c'eft dans ce même efprit qu'elles n'ont point écouté les Puiflances qui leur ont offert leur médiation, & qu'elles ont détourné les Hollandois de leur offrir la leur. Il n'y a perfonne qui ignore combien le feu Empereur Charles VII a fait d'efforts inutiles pendant plus de deux ans, pour faire ceffer les hoftilités qui défoloient plufieurs Etats de l'Europe, & pour remettre la décifion de fes prétentions au Jugement de l'Empire ; la Cour de Vienne a toujours rejetté ces propofitions avec hauteur. On ne fauroit attribuer qu'à fes vûes d'ambition l'inexécution du Traité d'Hanau ; en terminant ce Traité il eût été facile de rétablir la Paix générale. Mais les Cours de Vienne & de Londres ne voyoient pas jour pour exécuter dans le tems de ce Traité les projets qu'elles avoient formés ; elles ont donc fait perdre cette occafion de rendre le calme à l'Europe.

L'ambition démefurée de la Cour de Vienne, n'a pas tardé à fe développer encore davantage. Il y a eu un moment où elle a eu des fuccès inefperés, qui ont paru étonner l'Europe : elle a crû fes Ennemis trop abattus pour pouvoir s'en relever ; dès-lors fe croyant difpenfée d'avoir des ménagemens pour aucune Puiffance , elle a produit des prétentions exceffives ; & pour les autorifer, elle a avancé des principes qui doivent inquiéter indiftinctement tous les Etats avec lefquels elle a fait depuis 200. ans des Traités, en vertu defquels ils jouiffent de quelques Droits ou de quelques Etats. Ce n'eft pas feulement avec quelques-uns des Miniftres des Cours, qui devoient concourir à l'exécution de fes vaftes deffeins, qu'elle s'eft expliquée. Les Chefs des Brigands qu'elle a joints à fes Armées, ont été les dépofitaires & les organes de fes intentions ; dignes inftrumens de femblables projets.

Comme les vûes de la Reine de Hongrie fur la Couronne Impériale étoient depuis long-tems un des principaux motifs de la Guerre, & un des plus grands obftacles à la Paix ; toute l'Europe fonda de nouvelles efpérances fur la mort de Charles VII. On imaginoit que la dignité Impériale pourroit entrer en quelque compenfation, & faciliter un arrangement définitif. Mais les projets de la Cour de Vienne ne s'accordoient pas avec les idées, qui pouvoient rétablir le calme.

Il a paru à la Reine de Hongrie, que fi la Paix précédoit l'Election, alors les Princes de l'Empire, maîtres de confulter à loifir & de fang froid leurs véritables intérêts, pourroient faire des réflexions qui ne feroient pas

favorables au Grand Duc. Perfonne, en effet, n'envifagera férieufement les intérêts de
l'Allemagne, qu'il ne fente que ce feroit un
grand malheur pour l'Empire, fi la Couronne Impériale rentroit dans une Cour , qui
de tout tems a eu tant d'envie de fubjuguer
l'Empire ; qui a des mefures prifes depuis
des fiécles pour exécuter ce deffein ; & qui
ne s'eft jamais crûc fi près d'y réuffir, que
dans la conjonéture préfente. Tous les Princes de l'Empire qui ne font point fervile-
ment attachés à la Maifon d'Autriche , con-
çoivent qu'il conviendroit infiniment mieux
à l'Allemagne que cette Couronne pafsât à
un Prince fage, moderé, dont les vûes ne
feroient pas de faire des ufurpations fur les
différens Membres du Corps Germanique,
mais dont l'ambition noble & fage feroit de
rendre à tous, les droits, les prérogatives &
la Dignité qui leur appartient ; & enfin, de
les délivrer de ce qu'ils ont fouffert d'op-
preffion fous le Gouvernement des Princes
de la Maifon d'Autriche.

Mais fi les liens dans lefquels la Cour de
Vienne tient affujettis tant de Membres du
Corps Germanique , empêchoient le plus
grand nombre des Princes de l'Empire de
fe conduire fur ces principes , il paroiffoit
vraifemblable qu'au moins ils chercheroient
à fortifier la barriere que l'Empire a oppo-

fée à l'ambition des Empereurs de la Maison d'Autriche, & qu'ils dresseroient dans cette vûe une capitulation plus gênante pour le Grand Duc, que ne le font celles des derniers Empereurs. On sait à Vienne que les Capitulations par écrit ont commencé à l'Election de Charles V. & que la grande puissance de ce Prince fit prendre alors de nouvelles précautions pour assurer la liberté du Corps Germanique. La Cour de Vienne a craint sur cet exemple, que si le Grand Duc étoit élû Empereur dans le calme de la Paix, il n'arrivât que des Princes d'Allemagne zelés pour le bien de leur Patrie, engageassent le Corps Germanique à prendre plus de précautions que dans les Elections ordinaires pour conserver leurs droits, & particulierement pour empêcher que cette Election n'anéantît la prérogative que l'Empire a de choisir son Chef, & ne rendît la Couronne Impériale héréditaire dans la Maison de ce Prince.

La Cour de Vienne pour ne pas s'exposer au danger de perdre la Couronne Impériale, ou à celui de voir dresser une Capitulation trop gênante, a donc crû devoir entretenir le trouble dans l'Europe, & se refuser aux Négociations qui tendroient à rétablir la Paix avant l'Election.

Ainsi la mort de Charles VII ayant ré-

réillé plus vivement que jamais les desseins & les espérances de la Cour de Vienne sur la Couronne Impériale, cette Cour n'en a pas eu moins d'éloignement pour la Paix. Elle s'est proposé de procurer l'Empire au Grand Duc, sans rien rabattre de ses autres prétentions; elle a pour lors envisagé l'acquisition de la Dignité Impériale pendant le cours de la Guerre, comme un moyen de remplir les vûes qu'eut toujours la Maison d'Autriche de s'approprier l'Empire, de le rendre héréditaire, & de le dépouiller de ses priviléges. Il lui a paru aussi qu'en acquerant la Dignité Impériale dans ces circonstances, elle pouvoit engager l'Empire, & l'intéresser en sa faveur dans la Guerre présente, & qu'avec cette augmentation de forces, elle se dispenseroit de faire aucun sacrifice en faveur de l'Espagne & de la Maison de Baviere, & qu'elle pourroit exécuter les projets qu'elle avoit formés contre les Ennemis qu'elle a au-dedans & au-hehors de l'Allemagne.

La Cour de Londres, toujours également occupée de ses projets, a continué à soutenir la Cour de Vienne dans ces vûes.

Il est arrivé de là que les différentes insinuations, renouvellées par quelques Puissances depuis six mois, tant en Angleterre qu'à Vienne, pour porter ces Cours à la Paix, n'ont produit aucun effet.

Si pour preſſer davantage ces deux Cours, on leur a repréſenté que le grand éloignement qu'elles montroient à la Paix, pouvoit produire à la fin un très-mauvais effet chez leurs Alliés ; & qu'en laiſſant entrevoir tant d'ambition, il étoit à craindre que leurs Alliés ne ſe refroidiſſent ; ſi l'on a fait ſentir à la Cour de Londres que la Nation Angloiſe pourroit enfin ſe laſſer de ce qu'on l'a fait ſervir de prétexte pour acquerir des Etats en Allemagne en faveur du Roi d'Angleterre, & qu'il pourroit arriver auſſi que les Hollandois ſentiroient à la fin que l'Angleterre n'a pas moins d'envie dans cette Guerre de détruire leur commerce, que de ſe rendre maître de celui des Indes Eſpagnoles ; quel fruit a-t-on retiré de ces exhortations ?

Ces deux Cours ont employé toute ſorte d'artifices pour éluder de s'y rendre. Elles ont commencé par mettre en avant que la Pragmatique étant l'occaſion de la Guerre, il falloit avant de commencer à traiter de la Paix, remettre les choſes préliminairement comme elles étoient établies par la Pragmatique. Ces deux Cours vouloient donc exiger par autorité, avant de conſentir à traiter de la Paix, que les Alliés de la France renonçaſſent préalablement & préliminairement à toutes leurs prétentions ; que le Roi de Pruſſe rendît la Siléſie ; que la France ren-

dît les Conquêtes qu'elle a faites en Flandres ; que l'Eſpagne rendît la Savoye & le
Comté de Nice ; & que la Cour de Vienne
ne donnât rien en retour.

Si la Cour de Vienne avoit conſenti à ce
qu'on examinât les Droits reſpectifs des
Princes qui forment des prétentions ſur la
ſucceſſion de Charles VI, & ſi elle avoit demandé que préalablement on remît la Reine
de Hongrie en poſſeſſion de tous les Etats
qu'elle a perdus depuis le commencement
de la Guerre ; cette propoſition, comme conforme au Droit Civil & à la Juriſprudence
ordinaire, auroit été aſſez ſpécieuſe, mais au
fond elle auroit été fort déraiſonnable. Car
ne ſeroit-ce pas vouloir éterniſer les Guerres, & ôter tout moyen de finir les différens qui s'élevent entre de grands Princes,
que de prétendre ramener les choſes pour la
poſſeſſion, à l'état qui précédoit les conteſ-
tations ? Ce ſeroit vouloir aſſujettir les Princes aux régles & aux formes qui ne s'obſer-
vent que dans les Tribunaux où l'on porte
les procès des particuliers. N'eſt-ce donc
pas vouloir l'impoſſible, & par conſéquent
ſe refuſer à la Paix ? Mais les conditions que
les Cours de Vienne & de Londres ont voulu
exiger des plus puiſſans Princes de l'Europe
pour faire la Paix avec eux, ſont encore bien
moins acceptables. Elles demandent que pré-

liminairement les Alliés de la France renon-
cent abfolument aux prétentions , & remet-
tent les chofes fur le pied où elles étoient
avant la Guerre. Les Cours de Vienne & de
Londres ne veulent donc point confidérer
que la France & fes Alliés ont déja pris de
grands avantages fur leurs Ennemis ; que
non-feulement la France & fes Alliés font
en poffeffion de plufieurs Etats appartenans à
la Cour de Vienne & au Roi de Sardaigne ;
& que la France & fes Alliés font au moins
autant en fituation de continuer la Guerre,
que leurs Ennemis. Elles ne veulent point
voir qu'il s'en faut beaucoup qu'il n'y ait aucune raifon de penfer que la Cour de Vienne
& fes Alliés foient à l'avenir dans le cours
de la Guerre, plus heureux que la France &
fes Alliés. Ces deux Cours ne veulent point
faire attention que dans l'affaire préfente , les
droits de la Reine de Hongrie font au moins
auffi obfcurs , que les fuccès de la Guerre
font douteux ; & que quand le fort des armes & les droits font incertains , le feul
moyen équitable & pratiquable d'accommo-
der les différends des grandes Puiffances ,
eft de les engager à fe relâcher toutes un
peu de leurs prétentions, & de les rapprocher les unes des autres moyennant des facrifices refpectifs. Cette façon de procéder
ne marque-t-elle pas bien fenfiblement l'au-

torité que les Cours de Vienne & de Londres veulent prendre dans l'Europe ; & ne
fait-elle pas bien voir qu'elles prétendent
que leur volonté soit une loi qui assujettisse
indistinctement toutes les Puissances ?

Les Cours de Vienne & de Londres ont
demandé ensuite, qu'avant d'entrer dans une
Négociation, la France fit des Propositions.
Quelle prétention ? n'est-ce pas proposer à
la France de demander la Paix ? Est-elle
donc réduite à cette situation ? & la Cour de
Vienne & celle de Londres sont-elles dans
une position si avantageuse, que la France
doive implorer leur faveur pour obtenir la
Paix ? D'ailleurs n'est-il pas sensible que la
France seule ne peut pas faire des Propositions ; que pour en faire, il faudroit les con-
certer avec ses Alliés : ne sçait-on pas que
de concilier sur un projet de Traités tant de
Puissances, c'est une affaire longue, qui demande beaucoup de discussions, qui peut aisément réfroidir des Alliés , & mettre de la
défiance entre eux ; au lieu que si la Cour
de Vienne & les Anglois eussent trouvé bon
que quelques Médiateurs eussent fait à la
France des Propositions raisonnables , elle
eût pû les communiquer à ses Alliés , sans
que la France, ni la Cour de Vienne , ni
leurs Alliés en pussent souffrir aucun préjudice. L'autorité & la considération que la
France

France a parmi ſes Alliés, l'eût miſe à portée de leur perſuader de les accepter. Des
Médiateurs ſages, deſintéreſſés, & amateurs
du bien de l'Europe, euſſent ſans doute ima-
giné des expédiens pour concilier les difficultés les plus épineuſes : ces heureux expédiens échappent preſque toujours aux parties ; ou bien on craint de les propoſer, de
peur de donner quelque avantage ſur ſoi.
Un tiers va plus directement au vrai, & au
bien de la choſe. En tout cas c'eſt toujours
annoncer la pureté de ſes vûes, & la droiture de ſes intentions, que de donner ſa
confiance à des Médiateurs ; au lieu que refuſer toute médiation, c'eſt montrer à tout
l'Univers que l'on ne reconnoît de Juſtice
que ſa volonté & ſon intérêt.

Sous prétexte qu'il eſt contraire aux Loix
de l'Empire, que les Puiſſances Etrangeres ſe
mêlent de l'Election de l'Empereur, & ayent
des Armées en Allemagne dans le tems
qu'il s'agit de procéder à une Election ; les
Cours de Vienne & de Londres ont voulu
exiger de la France que préalablement à
toute Négociation, elle fît ſortir ſes Armées
des Etats de l'Empire, & les rappellât ſur
ſes frontieres. N'apperçoit-on pas que leur
but n'étoit autre que de porter la France à
abandonner ſes Alliés, & à ceſſer de faire
des diverſions en leur faveur, afin que la

C

Reine de Hongrie pût employer toutes ses forces, & une partie de celles de ses Alliés contre les Princes de l'Empire avec qui elle est en guerre, afin de les subjuguer, & afin de parvenir ensuite, ou en même-tems par force, à la Couronne Impériale.

Les Gazettes de Hollande ont appris depuis peu, que la Cour de Dannemarc ayant aussi offert à la Cour de Londres la Médiation du Roi son Maître pour l'accommodement des affaires générales, on lui a répondu que l'intervention des autres Puissances pour faire la Paix étoit inutile ; que si la France desiroit la Paix, elle n'avoit qu'à faire des Propositions propres à y conduire ; que S. M. B. & ses Alliés s'y prêteroient moyennant que la France se déterminât à accorder une satisfaction convenable aux Parties lézées. Le fanatique Gazetier de Cologne qui est payé pour exagérer tout ce qui peut relever le parti Autrichien, ou pour dissimuler tout ce qui l'abat, ajoute qu'une Puissance si altiere, a des forces suffisantes pour soutenir son audace. Il faut convenir que si la Cour de Londres par cette réponse si hautaine, si peu convenable à tant d'égards, si peu proportionnée à la situation des Puissances belligérantes, ne s'est pas proposé d'empêcher qu'on ne pénétre qu'elle est dans un besoin pressant de faire la Paix, elle y eft du moins peu difpofée, fi l'on en croit ce Gazetier.

Cette conduite des Cours de Vienne & de Londres fournit la preuve la plus forte de l'étendue de leurs projets. Ces deux Cours font trop éclairées pour ne pas fentir qu'en calculant les efpérances qu'elles ont de remporter des fuccès dans la Guerre préfente, & qu'en les comparant aux efperances que leurs Ennemis peuvent avoir d'y réuffir; il ne réfulte pas pour elles des motifs de continuer la Guerre. On voit cependant qu'elles éloignent la Paix; quelle raifon peuvent-elles avoir? c'eft qu'elles confiderent que fi cette Guerre étoit malheureufe pour elles, & pour leurs Alliés, les fuites fâcheufes de ces malheureux fuccès fe partageroient entre elles & leurs Alliés. L'Angleterre ne craint point qu'on puiffe prendre pied dans fes Ifles; la Cour de Vienne eft perfuadée que le poids d'une Guerre malheureufe tomberoit autant fur les Hollandois, fur le Roi de Sardaigne, & fur les Princes de l'Empire, que fur la Reine de Hongrie; au lieu que fi la fortune étoit favorable à la Cour de Vienne & à la Cour de Londres, ces deux Cours auroient feules exclufivement tous les profits de la Guerre. La Cour d'Angleterre s'empareroit de tout le commerce des Indes Efpagnoles, à l'exclufion des Hollandois & de toutes les autres Puiffances de l'Europe ; le Roi d'Angleterre étendroit fes Etats d'Allemagne ; la Cour de Vienne acquerreroit la Dignité Impériale ; elle feroit à portée de fubjuguer bientôt tout l'Empire, & de faire de nouvelles acquifitions en Italie. C'eft là le mot de l'Enigme qu'offre la conduite des Cours de Vienne & de Londres dans leur obftination à prolonger la Guerre, quoiqu'il n'y ait pas d'apparence que cette Guerre puiffe être heureufe pour elles. Voilà donc la clef de la politique de la Cour de Vienne & de la Cour d'Angleterre ; & voilà l'objet qui doit attirer l'attention de toutes les Puiffances de l'Europe.

Toute la conduite de ces deux Puiffances prouve qu'elles n'ont pas un autre fyftême. S'il étoit à préfumer que la France & fes Alliés fuffent, par rapport à la Paix, dans des intentions peu convenables, il feroit de l'intérêt de la Cour de Vienne & de fes Alliés, de mettre la France dans la néceffité de produire fes intentions ; la Cour de Vienne & l'Angleterre tireroient de là un grand avantage pour maintenir leur union avec leurs Alliés, & pour refferrer les liens qui les uniffent enfemble. Pourquoi négligent-elles cet avantage ? pourquoi éludent-elles d'entrer dans une Négociation, dont elles tireroient tant de

fruit, fi elles n'avoient que de bonnes intentions, & fi la France n'en avoit que de mauvaifes ? C'eſt qu'elles font perfuadées de la
droiture des intentions de la France. Ces
deux Cours craignent la Paix ; elles veulent
ôter à leurs Alliés & à toute l'Europe l'occafion de connoître au jufte les difpofitions
de la France. La Cour de Vienne veut continuer à recevoir des fubfides immenfes, &
à jouer un premier rôle dans l'Europe. Le
Roi d'Angleterre ne fe voit pas encore à
portée de faire en Allemagne les acquifitions qu'il fe propofe ; les Anglois ne voyent
pas les Efpagnols réduits au point de leur
abandonner entiérement le commerce des
Indes ; la Cour de Vienne ne trouve pas
encore les chofes difpofées à ce que le Grand
Duc puiffe obliger l'Empire à lui accorder
la Couronne Impériale, & à lui foumettre,
comme bientôt cela arriveroit, le Corps Germanique.

Tel eſt l'état préfent des chofes par rapport à la Paix. La France a fouvent déclaré
qu'elle ne vouloit rien pour elle ; qu'elle ne
fe propofe point de renverfer le fyftême de
l'Europe ; qu'elle ne demande point qu'on
faffe des injuftices aux Anglois dans leur
commerce. La France & fes Alliés font dans
la difpofition d'entrer en Négociation pour
concilier les prétentions de la Cour de

Vienne avec les leurs, & pour chercher des tempéramens qui facilitent la Paix. D'un autre côté, la Reine de Hongrie & ses Alliés offrent de prendre pour bases des Négociations pour la Paix, des propositions qui n'ont aucune proportion avec la position des choses ; ils en usent comme s'ils étoient en droit & en état de donner la Loi ; ils refusent toute conciliation. La France & ses Alliés sont donc portés à la Paix ; tandis que les auteurs & les continuateurs de la Guerre sont évidemment la Reine de Hongrie, la Nation Angloise , & le Roi d'Angleterre comme Electeur d'Hanover.

S'il paroît tant de modération & tant d'amour pour la Paix dans les vûes de la France, s'il paroît tant d'envie de continuer la Guerre, tant d'ambition dans les projets de Vienne & de Londres ; il est aisé de remarquer la même différence, la même opposition, dans les moyens qui sont employés de part & d'autre.

Je vous prie de vous souvenir, Monsieur, qu'avant que la Guerre fût entamée, la Cour de Vienne a constamment refusé de donner aucune satisfaction à l'Espagne & à l'Electeur de Baviere sur leurs prétentions : qu'il n'y a pas lieu de douter que moyennant quelque sacrifice, elle n'eût porté ces deux Puissances à se relâcher un peu de leurs droits ; & que la Cour de France les eût engagées à se contenter de médiocres acquisitions par la voie d'un accommodement, plutôt que d'en poursuivre de plus grandes par la voie incertaine de la Guerre. Rappellez - vous encore que sur les moindres succès, au commencement de la Guerre, la Cour de Vienne a formé les plus grands projets. Voyons comment elle les a suivis.

Au premier moment où la fortune lui a été favorable, elle n'a observé aucun égard pour la personne du Chef de l'Empire, Elle l'a insulté par ses écrits, & par ses entreprises ; elle ne s'est point embarrassée si ces insultes retomboient sur tout l'Empire, & si par ces procedés la Cour de Vienne manquoit, contre toute bienséance, à ce qu'elle devoit à un Corps aussi respectable que le Corps Germanique. Ce n'est pas tout. Bientôt elle a produit sans détour, sans ménagement, le dessein de faire annuller l'Election du feu Empereur : elle a résolu d'employer toutes sortes de voies pour parvenir à le dépouiller par force & malgré l'Empire, de la Couronne Impériale, & pour la mettre sur la tête du Grand Duc. De semblables procedés laissent - ils douter que la Reine de Hongrie se proposoit de mettre à exécution le dessein formé il y a trois siécles, par la Cour de Vienne, d'usurper l'Empire ? Car qu'y avoit-il de commun entre la Dignité Impériale, & les Etats qu'on reclamoit sur la Maison d'Autriche ? pourquoi faire une même & unique affaire de l'Election, & des droits sur cette succession ? La Reine de Hongrie regarde donc également comme son patrimoine, la Couronne Impériale & les Etats que possedoit Charles VI.

Cette prétention formée sur la Couronne Impériale indépendamment & malgré l'Empire, sert à expliquer pourquoi la Cour de Vienne, a rejetté sans aucune bienséance & avec tant d'aigreur toutes les voies d'accommodemens que Charles VII a proposées. On voit pourquoi cette Cour a refusé si obstinément de faire cesser toutes hostilités dans l'Empire, & de remettre la décision de ses prétentions au Jugement du Corps Germanique.

Quiconque s'instruit des événemens de l'Europe, ne fût-ce que par les nouvelles publiques, est informé que les Cours de Vienne & de Londres, plutôt que d'accepter la médiation des Etats Généraux, & pour les porter malgré eux à la Guerre, ont cherché à soulever les peuples en Hollande, & à mettre la division parmi les Provinces-Unies. Chacun sait avec quelle violence & avec quel scandale les Ministres de ces deux Cours ont opéré pour lors à la Haye.

Quand la France s'est mise en état de se défendre contre leurs entreprises ; elles se sont plaint de ses préparatifs, comme si elle vouloit envahir toute l'Europe. Si elle a marqué de la modération, elles ont conclu de-là qu'elle étoit abattue, qu'il ne falloit qu'un dernier effort pour achever de l'accabler ; & il n'a pas tenu à leurs soins que toutes les Puissances n'ayent fait une croisade pour concourir à ce projet.

Si dans les tems où ces Cours ont eu des avantages sur leurs ennemis, elles ont laissé connoître les conditions dures & messéantes qu'elles vouloient exiger pour rétablir la Paix, & si la France a rejetté ces propositions ; ces Cours ont fait faire à ce sujet les déclamations les plus vives contre la France, elles lui ont reproché avec toute l'animosité possible, qu'elle vouloit faire la loi à toutes les Puissances : comme si ceux qui veulent imposer des Loix, ne sont pas ceux qui proposent des conditions peu assorties aux droits & aux circonstances.

Voilà quel esprit anime ces Cours, voilà leur amour pour la Paix & pour la vérité : elles font également un crime à la France, tantôt de sa modération, tantôt des mesures qu'elle prend pour se défendre contre leurs entreprises, & enfin de ce qu'elle ne veut pas recevoir les loix qu'elles lui veulent imposer, & elles en font des motifs de Guerre.

Combien ont-elles supposé de faux Traités & de fausses Négociations pour rendre la France odieuse ? On peut se souvenir avec quel bruit elles ont publié il y a quelque tems, qu'elles avoient découvert que la France avoit voulu engager le Grand Seigneur à attaquer la Hongrie, afin qu'à la faveur de cette diversion, l'Empereur Charles VII pût plus aisément réussir dans ses projets ; & que quand il a été question de produire les Piéces qui faisoient preuve de ce fait, il ne s'est rien trouvé de semblable.

Un reproche qu'elles renouvellent sans cesse, c'est que la France n'exécute pas exactement ses Traités, & qu'elle a des vûes qui doivent allarmer toute l'Europe. Voyons si la bonne foi, la fidélité & la modération servent de régle à ces deux Cours, & si elles pratiquent dans les occasions ces vertus, ou si elles s'en parent seulement dans les insinuations & dans les déclamations qu'elles font contre la France.

La Cour de Londres étoit convenue d'un Traité de Neutralité avec le Roi très-Chrétien : elle a jugé à propos de le rompre lorsqu'elle a crû le pouvoir impunément, sans que la France lui en ait donné aucun motif.

La Cour de Vienne étoit convenue d'un

Traité de Cartel avec la France : elle n'a pas voulu entendre parler de l'exécuter, tant qu'elle a crû trouver quelque avantage à ne point l'obferver.

Je vous ai déja parlé du Traité d'Hanau, & je vous ai dit qu'il n'a été rompu, que par ce que ces deux Cours s'appercevoient que s'il avoit lieu, elles feroient moins à portée de fuivre leurs projets ambitieux.

Y a-t-il jamais eu un procedé moins mefuré & plus hautain, que celui de ces deux Cours en cette occafion ? Ce Traité qui avoit coûté tant de foins au Prince Guillaume de Heffe, & dans lequel le feu Empereur avoit fait tant de facrifices, qui avoit été convenu après beaucoup de conférences, a été rompu fans qu'il fut arrivé aucun événement nouveau, fans que l'Empereur y eût donné lieu, fans aucun prétexte & avec auffi peu de ménagement, que fi les Cours de Vienne & de Londres étoient en droit de donner la loi fuivant leurs caprices.

Quel droit les Anglois & la Cour de Vienne ont-ils eu de difpofer de Final dans le Traité de Worms, & de donner au Roi de Sardaigne cette Place, qui, à tant de titres, appartient à la République de Genes, fi ce n'eft qu'au mépris des Vertus dont ils rempliffent leurs difcours quand ce langage leur convient, il fe croient tout permis, & que tous les moyens leur font bons, pourvû qu'ils les conduifent à leur but.

Je vous ai expliqué qu'à la mort de Charles VII. les Cours de Vienne & de Londres avoient conçû plus d'efpérance que jamais, de procurer au Grand Duc la Dignité Impériale; je vous ai développé les différens motifs qui avoient fait fouhaiter à la Reine de Hongrie de l'obtenir plutôt pendant la Guerre, que pendant la Paix. Je vous prie de voir, Monfieur, quelle voie elle a prife pour mener ce projet à exécution.

A peine Charles VII étoit mort, que les Cours de Vienne & de Londres renouvellerent avec la plus grande activité tous leurs foins, & recoururent à toutes fortes de faux expofés, tant pour fufciter des Ennemis à la France, que pour éloigner la Paix. Il a été répandu à ce même deffein un argent immenfe par l'Angleterre, & par la Hollande dans différentes Cours. Il feroit trop long de rapporter toutes les intrigues, & toutes les démarches contraires au refpect dû à l'Empire & à la liberté du Corps Germanique, dans lefquelles les Cours de Vienne & de Londres ont engagé depuis long-tems, & en dernier lieu, l'Electeur de Mayence. Il n'y a point d'artifices, ni même de fauffetés qu'elles n'ayent mis en œuvre, pour tâcher non-feulement de brouiller le Roi de Pologne avec la France & ses Alliés, & pour empêcher la réconciliation du Roi de Prusse avec la Cour de Pologne, mais aussi pour engager le Roi de Pologne dans des démarches qui donnoient au Grand Duc la facilité de s'emparer de la Dignité Impériale au préjudice de ce Prince.

La Cour de Russie & la Porte ayant offert chacune de leur côté leur Médiation pour rétablir le calme dans l'Europe ; les Cours de Vienne & de Londres en ont pris l'allarme, & ont employé toutes sortes de moyens pour détourner de ce dessein toutes ces Puissances. Les Ministres de Vienne & de Londres ont pris occasion de l'offre que la Porte faisoit de sa Médiation, pour tâcher d'indisposer la Cour de Russie contre la Cour de France. On sait que sans aucun égard à la vérité & aux faits qui sont de leur connoissance, ils ont tâché de persuader aux Ministres de la Czarine, que c'étoit sur la sollicitation de la France que la Porte avoit offert sa Médiation, & que la France avoit demandé cette Médiation de la Porte dans des vûes désobligeantes pour la Russie. Enfin les Ministres de ces deux Cours ont trouvé le moyen par leurs différentes pratiques, de rendre inutiles les bonnes intentions de cette grande Princesse, qui ne borne pas ses projets à rendre heureux les Peuples qui sont sous son Empire , & qui a encore l'ambition de faire le bonheur de tous les Peuples de l'Europe.

Enfin on a vû à la honte du siécle, employer sans aucune pudeur dans presque toutes les Cours mille impostures ; celui qui les a inventées, a vu sans rougir ses mensonges se découvrir peu après qu'il les avoit faits : il lui a suffi d'en avoir tiré avantage pendant un jour , & aussi-tôt qu'une imposture a été usée ; il en a substitué une autre avec le même front.

Arrêtons-nous , Monsieur , un peu à la façon dont la Reine de Hongrie en a usé avec l'Electeur de Baviere depuis la mort de l'Empereur son Pere. J'ose vous dire que quelque prévenu que vous soyez en faveur de la Maison d'Autriche , vous y reconnoîtrez bien clairement le dessein que la Cour de Vienne a toujours eu d'usurper la Dignité Impériale , & de soumettre à ses Loix tous les Princes de l'Empire. Vous y verrez à découvert avec quelle violence , avec quel mépris des Loix cette Cour procede , quand elle croit que son intérêt l'exige, ou le permet.

A la premiere nouvelle de la mort de Charles VII. la Cour de Vienne a cherché à persuader au jeune Electeur qu'il étoit juste & convenable de rompre tous les Traités qu'il avoit avec les Alliés de l'Empereur son Pere ; elle a fait insinuer à ce Prince par toules fortes de voies, que quoique ce ne fût qu'à la follicitation du feu Empereur que la France a fait entrer tant de Troupes en Allemagne, quoiqu'elle n'eût eu d'autres vûes que de foutenir les droits de la Maifon de Baviere, quoiqu'elle eût facrifié à l'avantage de cette Maifon un nombre infini d'hommes & des fommes d'argent immenfes, il étoit jufte de manquer, à l'égard du Roi très-Chrétien, à la reconnoiffance & à la bonne foi ; & de marquer à la France la plus grande ingratitude & la plus noire perfidie. Voilà le retour que la Cour de Vienne a propofé au jeune Electeur de montrer pour les fervices que le Roi de France a rendus au feu Empereur. Telle eft la vertu que la Cour de Vienne pratique, & qu'elle propofe de pratiquer pour pouvoir devenir fon Allié. Si le jeune Electeur, qui fe fouvenoit encore des derniers confeils que lui avoit donnés l'Empereur fon Pere en mourant, a eu horreur de ces propofitions, qui étoient auffi contraires à fes intérêts, qu'elles étoient odieufes & contraires à tous fentimens d'honneur ; la Cour de Vienne n'a pas perdu pour cela fon projet de vûe. Les mauvaifes difpofitions de la Cour de Munic mal fervie par quelques-uns de fes Miniftres, & trahie par d'autres, ont mis la Cour de Vienne en état de remporter de grands avantages fur le jeune Electeur. Ce-

Prince a vû bientôt ſes Ennemis rentrer dans ſes Etats ; il a été bientôt obligé de ſortir de ſa Capitale ; dans ce moment environné des créatures de la Cour de Vienne, il a été ſéduit, & a ſigné tout ce que la Cour de Vienne exigeoit de lui. Et cette Cour au lieu de faire un Traité avec ce Prince, lui a impoſé les loix les plus dures, les plus injuſtes & les plus ſcandaleuſes. Je vous en rapporterai quelques Articles.

Au lieu de permettre à ce jeune Prince d'obſerver les égards que la bienſéance exige d'un fils pour ſon pere, & de marquer du reſpect pour la mémoire du feu Empereur, la Cour de Vienne l'oblige, non pas à mettre en arbitrage les prétentions que Charles VII avoit formées ſur la ſucceſſion de la Maiſon d'Autriche, mais à s'en déſiſter purement, & ſimplement ; par conſéquent, ou la Cour de Vienne force ce jeune Prince à déclarer, au mépris de l'Empereur ſon Pere, que ſes prétentions étoient nulles & non fondées, ou la Cour de Vienne déclare qu'elle ſubjugue ce Prince, & qu'elle s'empare par force de ſes droits.

Le feu Empereur avoit mis en doute ſi le Suffrage du Royaume de Boheme devoit avoir de l'activité dans la Diette de l'Election ; la Cour de Vienne, ſans donner au jeune Prince des raiſons propres à lui faire croire

que

que le fentiment du feu Empereur n'étoit pas conforme aux Loix de l'Empire, l'oblige ou à taxer d'injuftice par le fait la conduite de fon Pere, ou fait à ce jeune Prince la violence de le foumettre à accorder l'activité au Suffrage du Royaume de Boheme, quoique ce droit ait été jugé douteux par tout l'Empire.

Les Loix de l'Empire exigent que les Electeurs donnent leur fuffrage pour la Dignité Impériale, fuivant ce que leur confcience leur dit être le plus grand bien de l'Empire. La Cour de Vienne ne juge pas à propos de refpecter cette Loi ; elle exige du jeune Prince que fans égard aux lumieres de fa confcience, fans égard aux avantages de fa patrie, au mépris des Loix de l'Empire, il donne fon Suffrage fuivant ce que fouhaitera de lui la Reine de Hongrie. Une pareille claufe n'eft-elle pas nulle d'elle-même ? Doit-elle être regardée comme la convention d'un Traité de Paix, ou comme un Acte de violence qu'on exerce dans l'yvreffe d'un fuccès, & par lequel on foule aux pieds les obligations les plus refpectables ? Peut-on nommer une convention avec un Prince, un Acte par lequel on l'oblige à agir contre fes lumieres, & contre des Loix facrées, dont il n'a pas été à fon pouvoir de s'affranchir ? Cette claufe, comme contraire aux Loix de l'Empire, comme

D

préjudiciable & injurieuſe au Corps Germanique, ne donne-t-elle pas droit à l'Empire
de ſe plaindre de ce Traité, & de l'annuller?
Obſervez, Monſieur, comment la Reine de
Hongrie, qui recourt d'une façon ſi preſſante
aux Loix de l'Empire, quand elle croit qu'elles lui ſont favorables, & qui dans ces cas fait
tant d'efforts pour intéreſſer en ſa faveur toute
l'Allemagne : obſervez, dis-je, comment elle
reſpecte ces mêmes Loix, quand il eſt de ſon
intérêt de les violer.

Ce n'étoit point aſſez, ſuivant la Cour de
Vienne, que l'Electeur fit ſon Traité avec la
Reine de Hongrie contre les engagemens
qu'il avoit avec le Roi de France, & contre
ce qu'il lui devoit à tant de titres ; elle l'a
forcé à contracter par le 8. Article une obli-
gation formelle de faire la guerre aux Puiſſances qui ont fait de ſi grands efforts pour
ſoutenir les droits de ſa Maiſon, auſſi-tôt que
cette Guerre conviendra à la Reine de Hongrie.

Comme ce Traité n'a pas pû décider toutes les prétentions reſpectives des deux
Cours, la Cour de Vienne a bien voulu ſti-
puler qu'on régleroit à l'avenir celles qu'il
laiſſeroit indéciſes ; mais pour s'aſſurer qu'elle
les feroit dans le tems décider à ſa ſatisfac-
tion, & pour s'aſſurer auſſi que les clauſes du
Traité qui regardent le Suffrage de Boheme

& l'Election de l'Empereur , quelque nulles qu'elles foient par elles-mêmes , feroient obfervées exactement ; elle a obligé ce jeune Prince à confentir à ce qu'elle laifsât garnifon dans fes Places , & à lui laiffer pour gage une partie de fes Etats. Ne fentant point, faute d'expérience , les inconvéniens qu'il pouvoit y avoir pour lui à fe mettre à la difcrétion de la Cour de Vienne , il a eu trop de confiance dans les promeffes trompeufes qu'elle lui a faites. Cette Cour a abufé de fa facilité , & elle fe prévaut aujourd'hui des avantages qu'elle a extorqués à fa jeuneffe par la perfidie de quelques-uns de fes Miniftres , pour exiger de lui les conditions les plus dures dans le Traité définitif, qui eft actuellement en négociation entre cet Electeur & la Reine de Hongrie.

On croiroit que du moins un Traité fi dur, fi injufte, fi onéreux à la Cour de Munic, fi avantageux à la Reine de Hongrie, auroit été fidélement exécuté par la Cour de Vienne, & qu'elle auroit eu attention à ne pas le violer la premiere, de peur des conféquences: mais comme elle efpere qu'en finiffant cette Guerre, il lui reftera une très-grande fupériorité fur fes Ennemis, cette confidération ne l'inquiéte pas. En voulez-vous la preuve ? la voici. Le 14. Article porte, que toute hoftilité, levée de contribution, exactions, livrai-

fons de fourages & de pain, cefferont abfolument en Baviere, immédiatement après
la fignature des préliminaires. Cependant la
Cour de Vienne n'en exige pas moins fur le
pied le plus fort quinze mois de contribu-
tions arriérées. Les malheurs de la Guerre
n'avoient pas encore affez abattu ce Prince
au gré de la Couronne de Vienne, & ce
n'eft pas affez de l'avoir dépouillé de fes
droits ; elle croit qu'il lui convient encore de
réduire fes peuples à la derniere mifére, &
de les mettre hors d'état de payer à leur Sou-
verain des impofitions, qui fuffifent aux dépenfes les plus néceffaires de fa Cour.

Une des claufes du Traité de l'Electeur de
Baviere eft, que fi les Troupes Etrangeres
qui faifoient partie de l'Armée de ce Prince
avant fon Traité, defiroient retourner chez
elles, il ne feroit apporté aucun empêchement
à leur marche. Eft-ce en exécution de cette
claufe que l'artillerie Françoife a été pillée à
Quintzbourg ? Cette claufe n'a pas empêché
non plus la Cour de Vienne de faire arrêter
les Troupes de l'Electeur Palatin. Les nouvelles publiques apprennent comment on en
a ufé avec elles. En même-tems qu'on arrête
les Troupes de ce Prince, qu'on les defar-
me, qu'on les débauche, on met fes Etats au
pillage, on fait toutes fortes de vexations à
fes Sujets ; quoique ce Prince ne foit point en

guerre avec la Cour de Vienne , elle veut le dépouiller d'une partie de ſes Etats , & s'agrandir à ſes dépens ; quel objet peut avoir cette violence , ſi ce n'eſt de conquérir le ſuffrage de l'Electeur Palatin ? C'eſt donc ainſi que la Cour de Vienne obſerve la Loi de l'Empire, qui ordonne de laiſſer aux Electeurs la liberté des Suffrages.

Le Landgrave de Heſſe , en prêtant ſes Troupes au feu Empereur , & depuis à l'Electeur ſon Fils , n'avoit rien fait qui fût contraire aux Loix de l'Empire, ou dont la Cour de Vienne pût juſtement s'offenſer. Au mépris du Traité de Baviere , qui porte qu'on laiſſera retourner ces Troupes dans les États de Heſſe , on les a arrêtées contre la teneur de ce Traité , & contre les droits des Princes de l'Empire ; on veut obliger ce Prince à faire entrer ſes Troupes au ſervice des Anglois , & par conſéquent au ſervice de la Cour de Vienne. Tels ſont les égards que la Cour de Vienne a pour la liberté des Princes de l'Empire. Tels ſont les ménagemens qu'elle a pour ces Princes , avant même que le Grand Duc ſoit Empereur. Si ce Prince parvenoit à la Dignité Impériale , comment cette Cour en uſeroit-elle ?

Ainſi la façon dont ce Traité s'exécute, s'accorde non-ſeulement avec les principes qui l'ont dicté , mais auſſi avec les vûes , &

avec l'efprit, qui ont dirigé la Cour de Vienne dans tous les tems.

Si les Articles de ce Traité , que la Cour de Vienne ne croit pas affez favorables pour elle , ont été fans exécution dans le moment que ce Traité a été figné ; quel fond faites-vous, Monfieur , fur les promeffes des fubfi-des de la part de la Hollande & de l'Angle-terre , dont la Cour de Vienne leurre de-puis quelques mois le nouvel Electeur ? Ces deux Puiflances ne font point engagées à ces fubfides ; & aujourd'hui que l'Electeur de Baviere ne peut point les croifer dans leurs vûes, la fituation de ce Prince leur importe fort peu. Y a-t-il apparence qu'elles fe char-gent de fubfides en fa faveur , hors dans le cas où ce Prince pourroit leur prêter quel-ques Troupes ? Ces promeffes ne font donc qu'un artifice de la Cour de Vienne , ou pour jouer ce Prince , ou pour l'amener , s'il eft poffible , à la réfolution de prêter fes Trou-pes contre la France : réfolution que ce Prin-ce fçait qu'il ne pourroit pas prendre fans fe couvrir de honte & d'infamie.

Ce n'eft pas feulement à l'égard des Prin-ces qui ont formé des prétentions , ou qui ont fourni des Troupes contre la Reine de Hongrie , que la Cour de Vienne exerce fes violences : mais elle n'épargne pas même l'E-lecteur de Cologne , Prince rempli d'hon-

neur, fort attaché au bien de fa patrie, &
qui aime fa Maifon. Comme il eft fort mé-
content des traitemens faits à l'Electeur fon
neveu, & à l'Electeur Palatin, on craint qu'il
ne fe prête pas aveuglément & indécemment
aux vûes ambitieufes de la Cour de Vienne.
Pour foumettre donc ce Prince à fes vûes,
pour l'empêcher d'agir fuivant les mouve-
mens de fa confcience, & de fuivre les principes que lui infpirent la haute naiffance,
l'intérêt de l'Allemagne, l'intérêt de fa Maifon, on environne, on remplit fes Etats de
Troupes Autrichiennes & Angloifes. Sans
ménagement, fans aucune reconnoiffance
pour les fervices qu'il a rendus les années
dernieres à la Reine de Hongrie, on le mena-
ce d'exactions militaires plus fortes que celles qu'on exige de l'Electeur Palatin, s'il ne
laiffe fa voix & fes Troupes à la difpofition
de la Cour de Vienne.

Ainfi cette Cour, fuivant fes intérêts, op-
prime également amis & ennemis ; ainfi fait-
elle ouvertement la violence à trois Electeurs, de leur extorquer par force leurs Suffrages en faveur du Grand Duc ; ainfi obli-
ge-t-elle le Roi de France, quelque éloignement qu'il ait de fe mêler de l'Election de
l'Empereur, à y prendre part indirectement,
& à laiffer dans ce deffein une Armée en
Allemagne, attendu que les Princes oppri-

D 3

més reclament les Traités par lesquels la France a garenti la liberté du Corps Germanique.

Je crois, Monsieur, vous avoir montré, d'une part, quel esprit a toujours animé les Cours de Vienne & de Londres dans les contestations présentes ; & d'autre part, quelle conduite la Cour de France a tenue constamment. Trouvez-vous bon que pour faciliter cette comparaison je vous remette sous les yeux pour un moment les objets que je vous ai déja représentés ?

Il a été prouvé que quelque art qu'on ait employé pour rendre odieuse la conduite de la France, elle n'a jamais eu d'autre vûe en se portant à la Guerre, que d'engager la Cour de Vienne à donner quelques satisfactions aux anciens Alliés du Roi très-Chrétien sur leurs justes prétentions. Je crois avoir démontré qu'après la mort de Charles VI, avant le commencement de la Guerre, dans la suite, & jusqu'au jour présent, la France a montré la plus grande modération, le plus grand desintéressement, & tout l'amour possible pour la Paix. Il a été prouvé que dans toutes ses entreprises, dans toutes ses alliances, elle n'a jamais eu d'autre but que de se défendre contre la mauvaise volonté des Cours de Vienne & de Londres. J'ai déja produit les Etats Généraux, & plusieurs autres Puiſſances, comme témoins qu'il n'a pas tenu à elle d'engager des Négociations, qui miſſent fin à la Guerre préſente, pourvû qu'elles ſe fiſſent de concert avec ſes Alliés : que ſi elle s'eſt contentée de montrer qu'elle étoit dans l'intention d'écouter des Propoſitions de Paix, & que ſi elle n'en a pas fait elle-même, c'eſt qu'elle a eu juſte lieu de craindre que ſes Ennemis n'abuſaſſent des ouvertures qu'elle auroit pû faire. Enfin, que ſi elle a refuſé de propoſer elle-même des conditions, elle a reçu favorablement toutes les offres de Médiation, qui lui ont été faites.

Il eſt donc évident que la France n'a jamais eu aucune vûe d'ambition dans le cours de cette Guerre, qu'elle ne cherche point à la continuer, qu'au contraire elle deſire très-ſincerement la Paix, que ſes intentions ſont droites, qu'elles ſont ſimples, qu'elle n'a point d'intérêts ſecrets, qu'elle ne cache point ſous des dehors ſpécieux des deſſeins injuſtes ; & que comme ſes vûes ſont remplies d'équité, ſa façon de proceder eſt conforme à ſes vûes.

Il paroît d'un autre côté, que quoique dans l'origine de la Guerre, le but de la Cour de Vienne ait été ſeulement de conſerver ſes droits, elle a conçû les projets les plus ambitieux, auſſi-tôt qu'elle a eu des ſuccès ; que la Cour de Londres a auſſi formé des deſseins très-vastes & très-préjudiciables à toute l'Europe ; que dans l'espérance de remplir leurs projets à la faveur de la Guerre, ces deux Cours apportent tous les soins possibles pour retarder le retour de la Paix ; que comme leurs projets sont pernicieux à toute l'Europe, elles recourent à toutes sortes d'artifices pour couvrir leurs vûes, & qu'elles les suivent avec la violence la plus outrée.

Ajoutons que la France, quels que soient les succès de la Guerre, ne peut que gagner à la continuer, & que le sort de ses Alliés dépend des événemens. Au contraire, si la fortune se déclare contre les Cours de Vienne & de Londres, la continuation de la Guerre leur sera très-préjudiciable, mais encore plus à leurs Alliés : & quand même les événemens favoriseroient ces deux Cours, elles en pourroient tirer de grands avantages, mais leurs Alliés en souffriroient beaucoup. Dans cette position la France desire la Paix, & la facilite autant qu'il est en son pouvoir ; elle préfére donc la Paix à son avantage particulier. Le Roi de France aime mieux ne point étendre ses Frontieres, & ne point laisser ses Alliés & leurs prétentions exposées aux hazards de la Guerre. Il préfére à la gloire & à son intérêt particulier, l'avantage de ses Alliés, & le bien général de l'Europe. Les Cours de Londres & de

Vienne au contraire, dans le defir qu'elles ont de s'agrandir, regardent avec répugnance tout ce qui pourroit rapprocher la Paix. Elles s'obftinent à continuer une Guerre, dont elles ne font pas affurées de tirer quelque avantage pour elles-mêmes, & dont les fuccès, quels qu'ils foient, feront certainement très-préjudiciables à leurs Alliés.

Je vous avois affuré précédemment, que ces deux Cours comptoient trop fur le fuccès de leurs Armes, & qu'il étoit très-poffible que la France & fes Alliés euffent le deffus. Jufqu'à préfent l'événement juftifie affez mes réflexions ; & par-là je me crois autorifé à pouvoir vous annoncer ce que je prévois qui va arriver. Je prévois qu'à la fin l'Europe ouvrira les yeux à tant de lumieres ; on reconnoîtra généralement que la France & fes Alliés ne font pas moins en état que leurs Ennemis de foutenir la Guerre ; que fi la Guerre venoit à continuer, il n'y a pas lieu de croire que la France & fes Alliés fuffent moins heureux dans les Campagnes qui fuivroient, qu'ils l'ont été dans la précédente & dans celle-ci. Les gens fenfés, dans toutes les Cours de l'Europe, fentiront qu'il y a du fanatifme à forcer le Roi très-Chrétien à faire malgré lui des Conquêtes ; & qu'il n'étoit pas prudent de lui infpirer, auffi-bien qu'à M. le Dauphin, le goût des Armes.

On conviendra unanimement, que si ce Monarque fait gagner des Batailles, & prendre en peu de tems les plus fortes Places de ses Ennemis, la Victoire n'est pour lui qu'une occasion de montrer sa sagesse & sa modération. On verra que si par l'étendue & par la justesse de ses lumieres il forme des plans qui étonnent l'Europe, s'il en assure les succès par sa prudence & par sa fermeté ; il sait sacrifier à la Justice & à la Paix, les avantages qu'il pourroit tirer de ses succès. On sera persuadé que si la prudence ne lui permet point de proposer des conditions de Paix, il sera toujours disposé à entrer en Négociation, sur un plan qui ne donnera aucune atteinte à l'Equilibre de l'Europe, ni à celui du Commerce. D'un autre côté, à mesure que toutes les Puissances de l'Europe, tant celles qui n'ont pas encore pris parti dans la Guerre présente, que celles qui sont Auxiliaires de la Reine de Hongrie, ouvriront les yeux sur la droiture des intentions de la France ; elles appercevront toute l'étendue des projets des Cours de Vienne & de Londres ; elles démêleront leurs artifices, & connoîtront que les motifs qu'elles présentent pour continuer la Guerre, sont de purs prétextes. On sentira combien il seroit préjudiciable à toute l'Europe, que leurs projets pussent s'exécuter. Quelque chaleur qu'elles mettent dans les infinuations qu'elles font faire par toutes les Cours, perfonne n'en fera plus ému ; toutes les Cours qui n'ont point encore pris le parti de la Reine de Hongrie, ne le prendront point. Les autres, ou cefferont de lui donner du fecours, ou la fecoureront plus froidement. Les Miniftres des différentes Puiffances, qui font corrompus par l'or de l'Etranger, perdront la confiance de leur Maître. Les Cours de Vienne & de Londres ayant compris que leurs artifices font éventés, leurs projets démafqués, leur conduite généralement blâmée, & qu'il n'y a plus perfonne qui foit la dupe de leurs impoftures, & des fantômes qu'elles forgeoient à plaifir pour irriter toute l'Europe contre la France ; ces deux Cours deviendront elles-mêmes plus portées à la Paix. Pour lors les infinuations des Puiffances bien intentionnées, qui fouhaiteroient voir l'Europe délivrée des Troubles qui l'agitent, feront écoutées plus favorablement : & attendu que la France perfiftera toujours dans les mêmes difpofitions où elle a toujours été, il y a apparence que pour lors la bonne volonté & les foins de ces Puiffances pourront enfin parvenir à rétablir la Paix.

Je fuis, &c.

A SAVONE , chez Paul Marinetti ,
près Notre-Dame, M. DCC. XLV.

www.ingramcontent.com/pod-product-compliance
Lightning Source LLC
LaVergne TN
LVHW021800170726
843503LV00007B/2932